SMART COOKIE KID

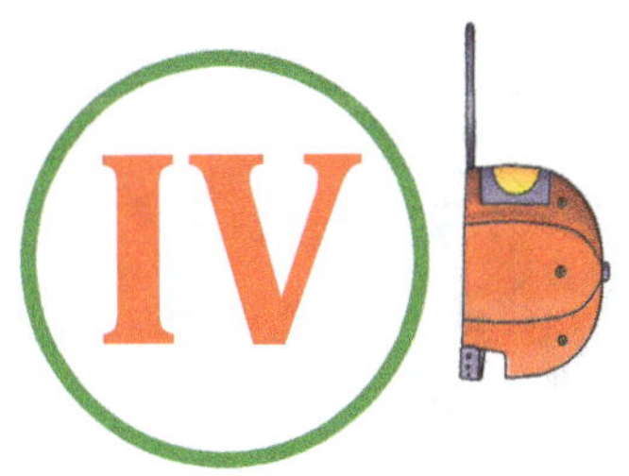

IV

pour les enfants de
3 à 4 ans

Mary Khalil
Baha Kodir

PRÉFACE

Ce cahier de développement propose une variété d'exercices captivants conçus pour améliorer l'attention, la concentration, les intelligences multiples, la mémoire visuelle, les compétences motrices, la pensée critique, les capacités d'apprentissage, la résolution de problèmes, la créativité, et bien plus encore chez votre enfant. Pour des résultats optimaux, nous recommandons que les enfants effectuent ces activités de manière séquentielle et régulière, avec l'encadrement d'un adulte. Chaque exercice de ce livre divertissant et stimulant l'attention est accompagné d'instructions claires. Il n'y a pas de limite de temps spécifique pour chaque exercice. Ce qui est le plus important, c'est que votre enfant apprécie de concentrer son attention tout en résolvant des problèmes et en acquérant de nouvelles compétences.

Si votre enfant trouve les instructions confuses pendant une activité, il est important de clarifier ces confusions avec une explication simple et compréhensible ou en fournissant un exemple. Les encouragements verbaux positifs sont une excellente manière de motiver votre enfant lorsqu'il réussit à accomplir les exercices. Par exemple, vous pouvez dire : "Tu fais un travail incroyable !" ou "Tu es incroyablement génial(e) !"

Le livre présente des illustrations charmantes créées avec soin et expertise, spécialement conçues pour captiver l'imagination des enfants. Ces œuvres d'art délicates sont le résultat du talent d'artistes professionnels.

De plus, nous avons inclus des pages de jeux divertissants pour offrir aux parents des moments de qualité à la maison avec leurs enfants. Ces jeux amusants sont sûrs de créer des moments mémorables et de favoriser une connexion forte entre vous et vos petits.

Complétez la seconde moitié du losange.

Retrouvez la même forme de cerfs-volants et de feuilles.

Faites correspondre les objets que vous ne pouvez pas séparer.

7

Trouvez et marquez quelle figure géométrique n'appartient pas au moulin à vent.

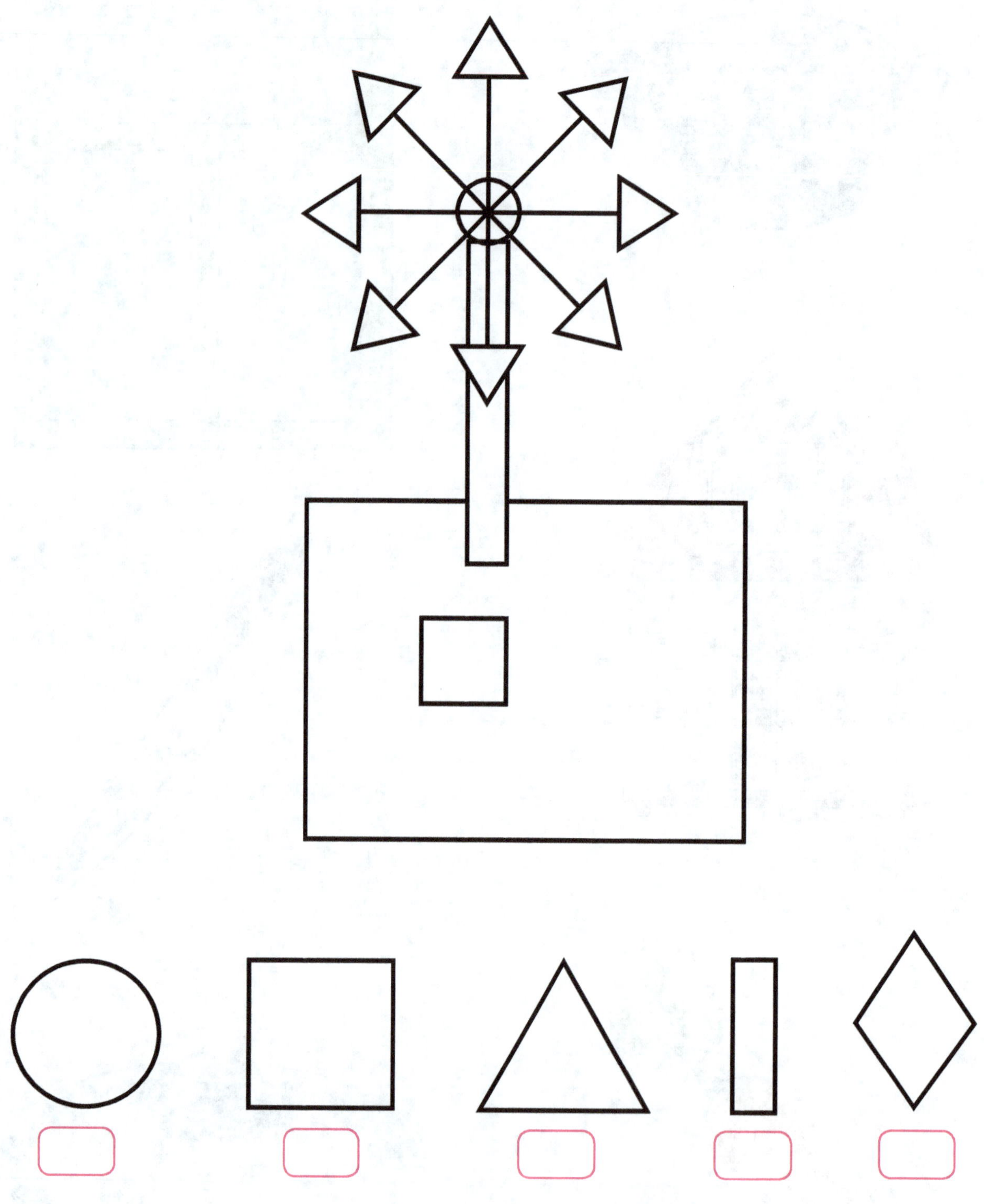

Tracez les lignes avec vos deux mains en même temps.

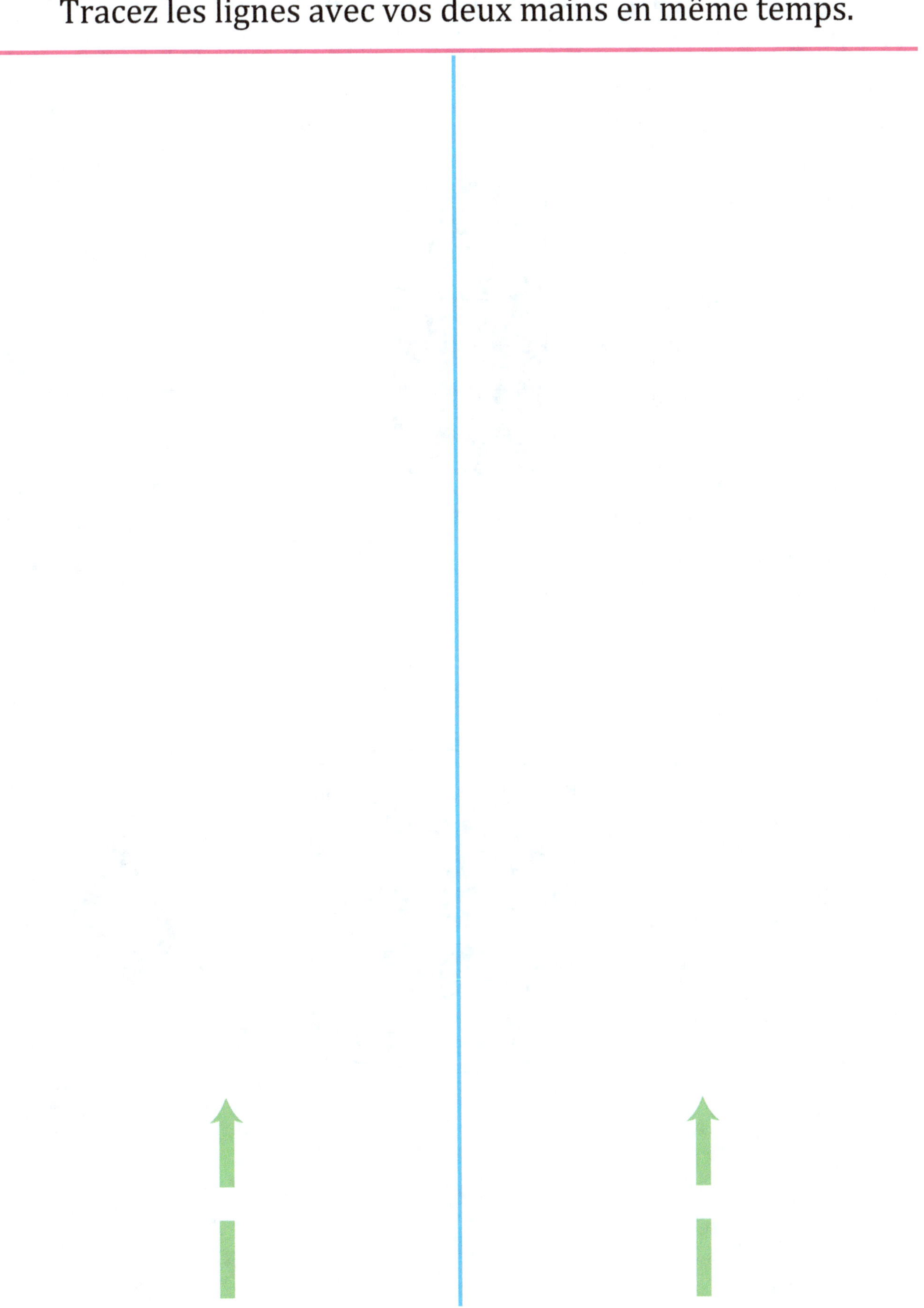

Trouvez et marquez celui qui fonctionne avec la batterie.

Touchez les fruits colorés de l'image avec vos doigts, comme dans l'exemple. Lent à rapide.

Placez les animaux lourds et légers dans la position appropriée.

Retrouvez l'enfant surfant dans la mer comme dans l'exemple ci-dessus dans l'image ci-dessous.

Divisez la tasse en métal en deux parties égales.

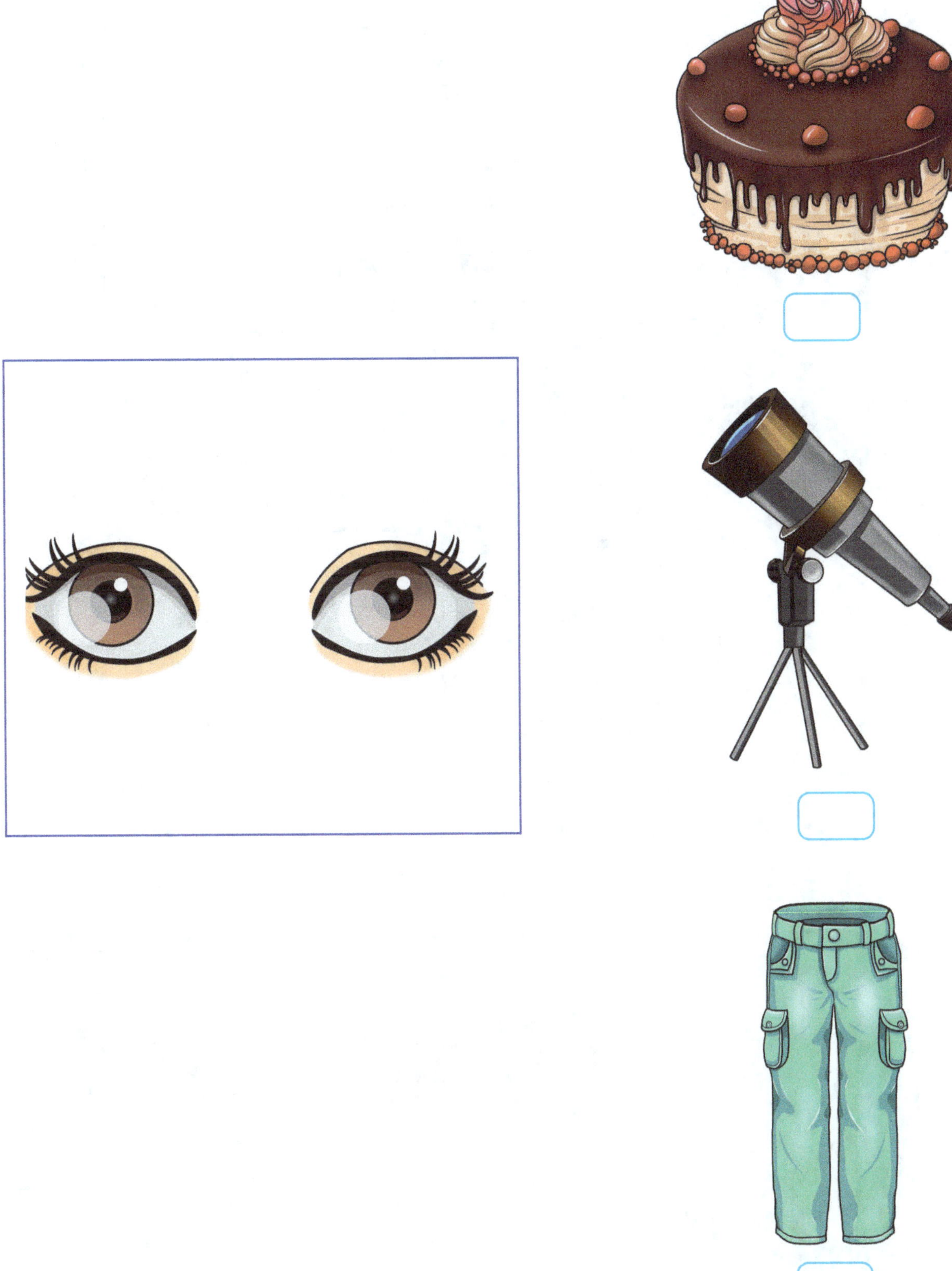

Trouvez et placez les parties manquantes des abeilles sur l'image.

Tracez les lignes avec vos deux mains en même temps.

Trouvez et marquez quel verre se décompose dans l'ordre des hauteurs.

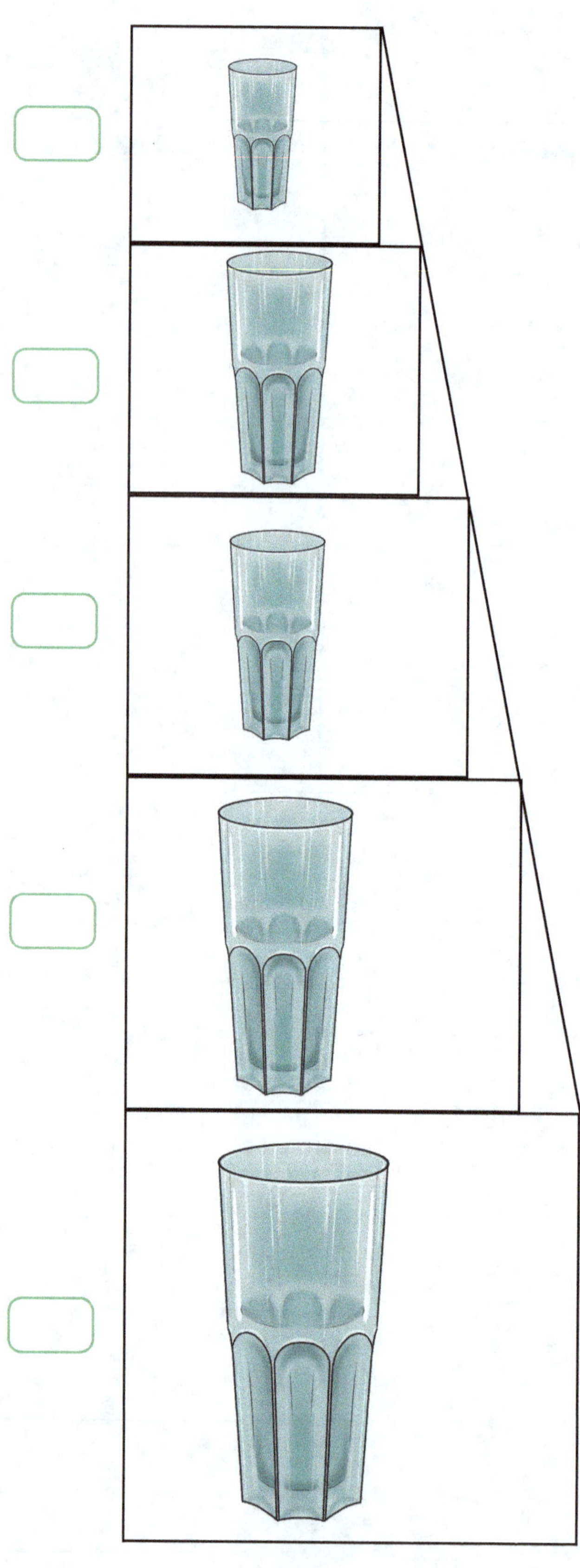

Dessinez les symboles comme dans l'exemple.

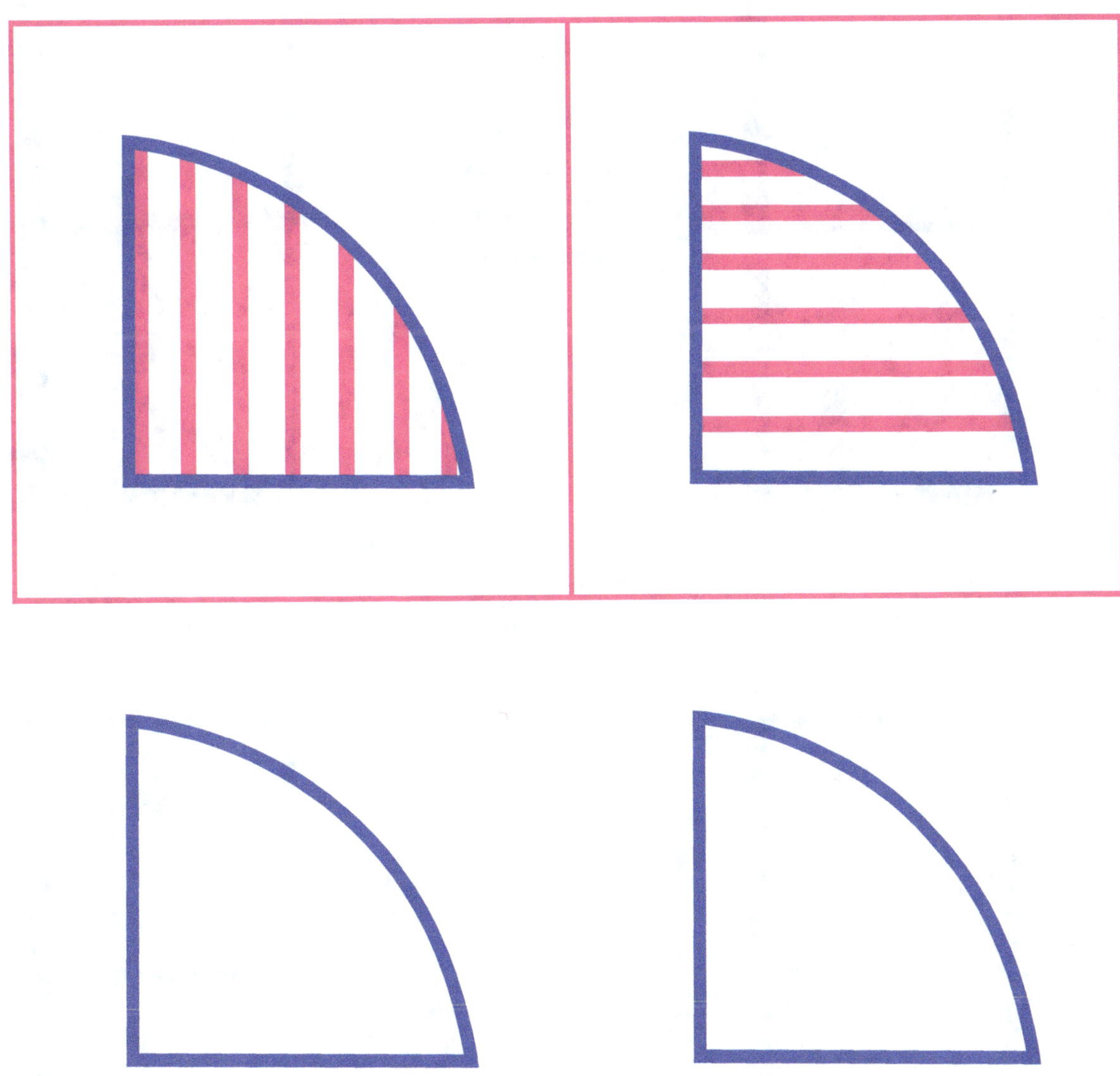

Dessinez des tuiles de dominos vierges comme dans l'exemple.

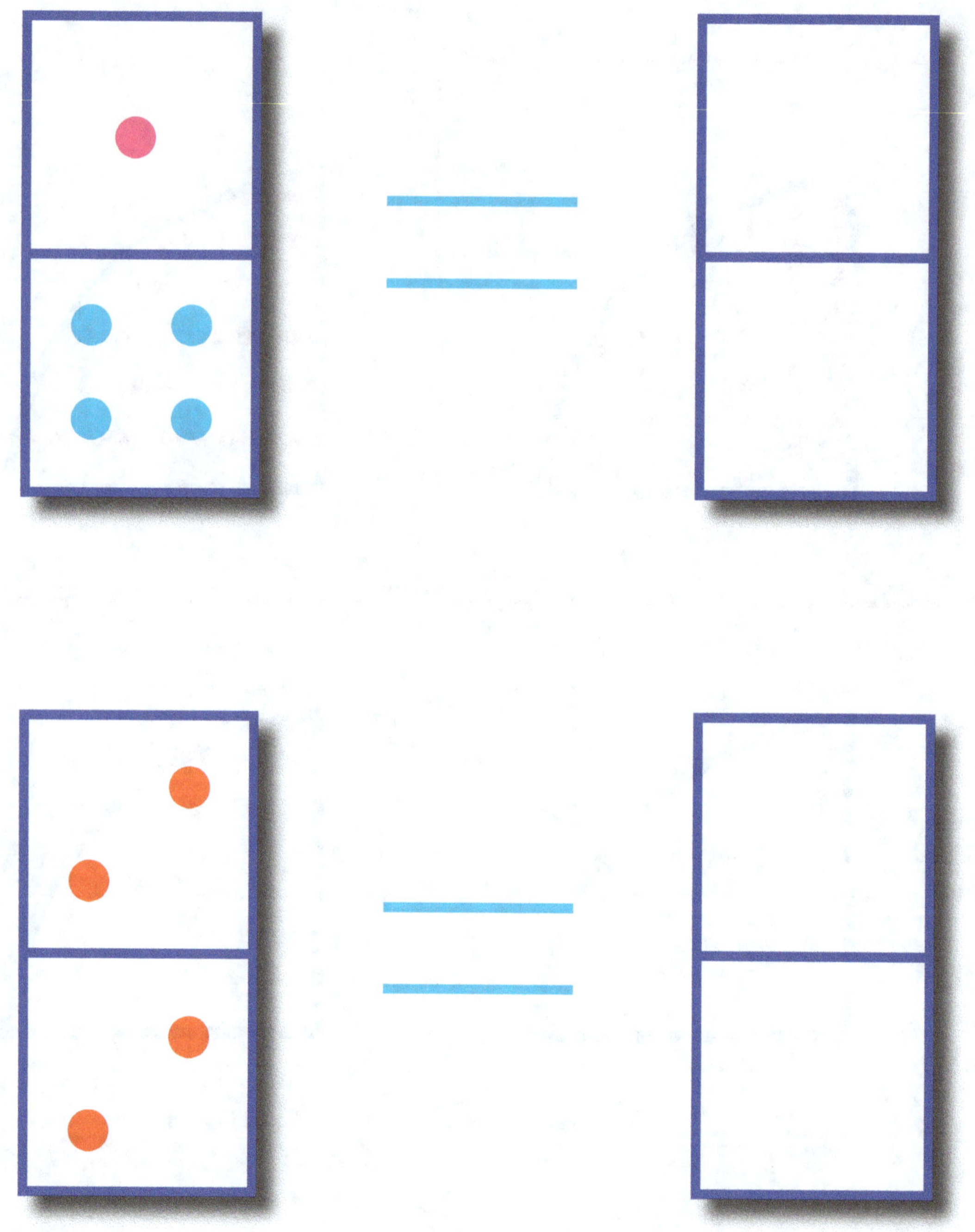

Trouvez et marquez quel enfant remplit le baril le plus rapidement.

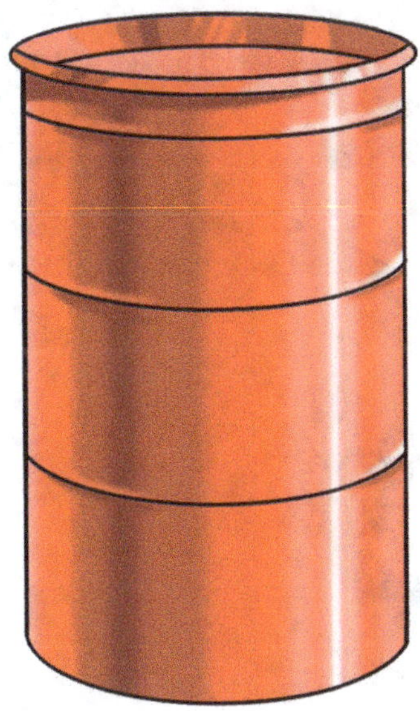

Trouvez et marquez combien de cochons vivent dans les maisons.

Trouvez et marquez les couleurs utilisées lorsque l'artiste a dessiné la coccinelle.

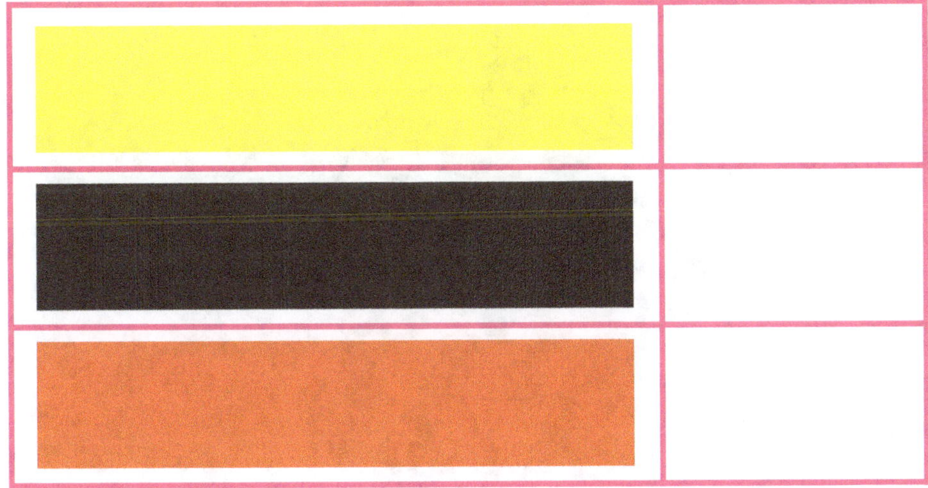

Faites des exercices oculaires en suivant les lignes avec le bébé.
Répétez l'exercice au moins 5 fois.

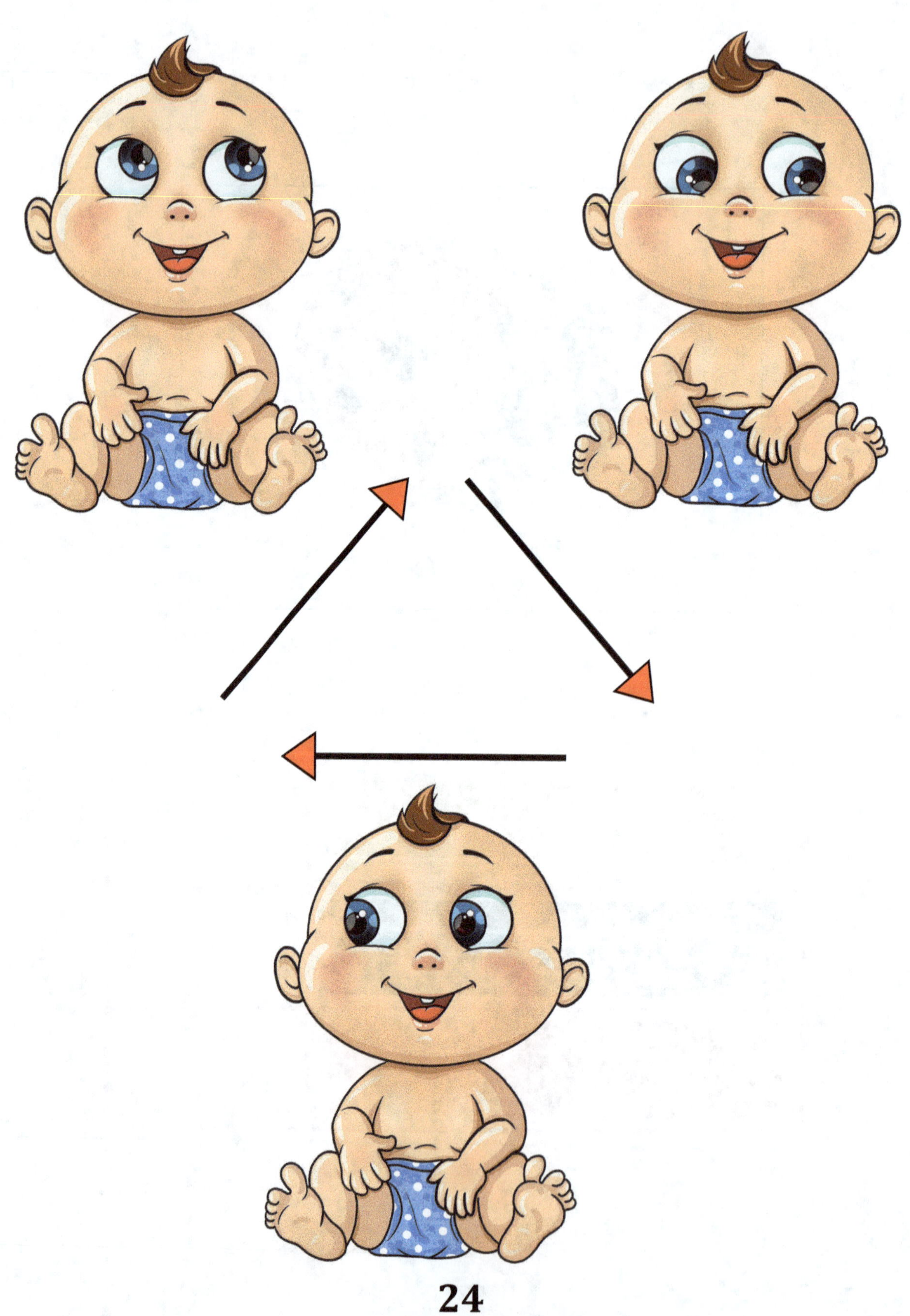

Essayez de dessiner la même couture sur les boutons ci-dessous que dans l'exemple ci-dessus.

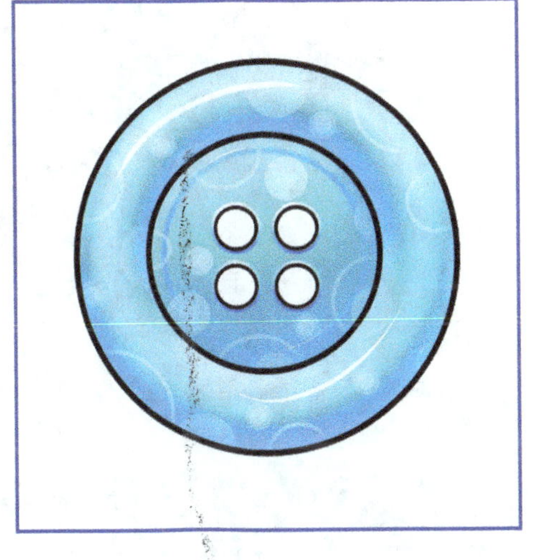
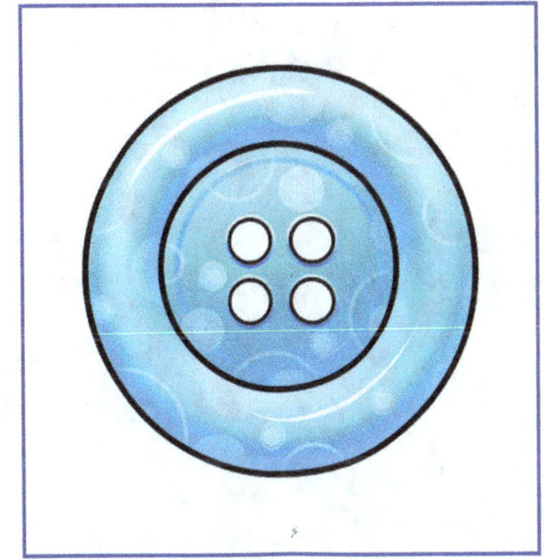

Devinez et dessinez ce qu'il y a dans le pot que tient l'ours en peluche.

Faites correspondre les images dans l'ordre séquentiel.

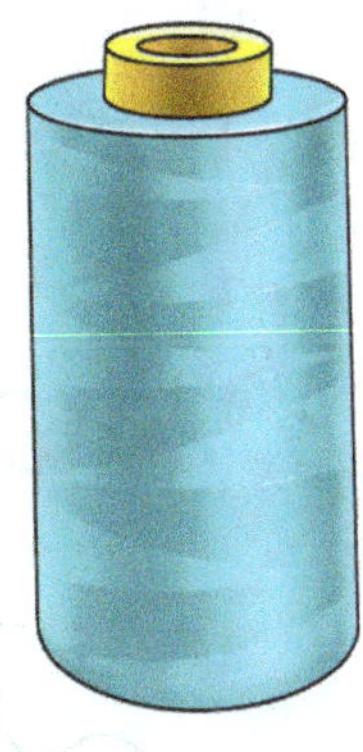

Trouvez les symboles cachés sur le boulevard indiqués sur l'image.

Trouvez et marquez lequel doit être peint en vert.

BAT

Instruction: Les chauves-souris peuvent tout voir et entendre dans l'obscurité. L'enfant en est informé et le jeu commence. L'enfant est assis sur le canapé, les lumières sont éteintes et un objet lui est remis à la main. On lui demande quel est l'objet qu'il tient en main.
Suggestion: Il est recommandé de jouer à ce jeu dans un environnement sombre.

SENTIMENTS DANS LE MIROIR

Instruction: Allez devant le miroir avec votre enfant. Dessinez les images d'émotion sur le miroir avec des crayons pastel à l'huile. Demandez à votre enfant de l'imiter en regardant les images.

Suggestion: Crayons miroir et pastel à l'huile.